MADHUBUN

हिंदी

पढ़ो और सीखो

अभ्यास पुस्तिका

1

पद्मा खेड़ा
भूतपूर्व अध्यापिका
आर.एस.जे. मॉडर्न स्कूल, नई दिल्ली

MADHUBUN EDUCATIONAL BOOKS
A DIV. OF VIKAS PUBLISHING HOUSE PRIVATE LIMITED

(1)

अभ्यास क्रम

चित्रकथा 1

चित्रों को देखकर कहानी कहो।

अध्यापन संकेत : चित्र दिखाकर बच्चों से पूछें : पहले चित्र में तोता क्या खा रहा है ? तोते को देखते हुए चुपके-चुपके कौन आ रहा है ? बिल्ली को देखकर तोते ने क्या किया ? अगर तोता नहीं उड़ता तो बिल्ली क्या करती ? आदि। कहानी ऐसे शुरू करवाएँ - एक तोता पेड़ पर बैठा अमरूद खा रहा था।

चित्रकथा 2

अध्यापन संकेत : चित्र दिखाकर बच्चों से पूछें : चित्र में नन्हा भालू रसोईघर में क्या ढूँढ़ रहा है ? उसने अपना मुँह किसमें डाला ? सिर फँस जाने पर वह क्यों घबरा गया ? अंत में उसकी मदद किसने की ? माँ ने उसे क्या कहा होगा ? आदि।

नमूने बनाओ और रंग भरो।

लाल

नीला

पीला

हरा

नारंगी

बैंगनी

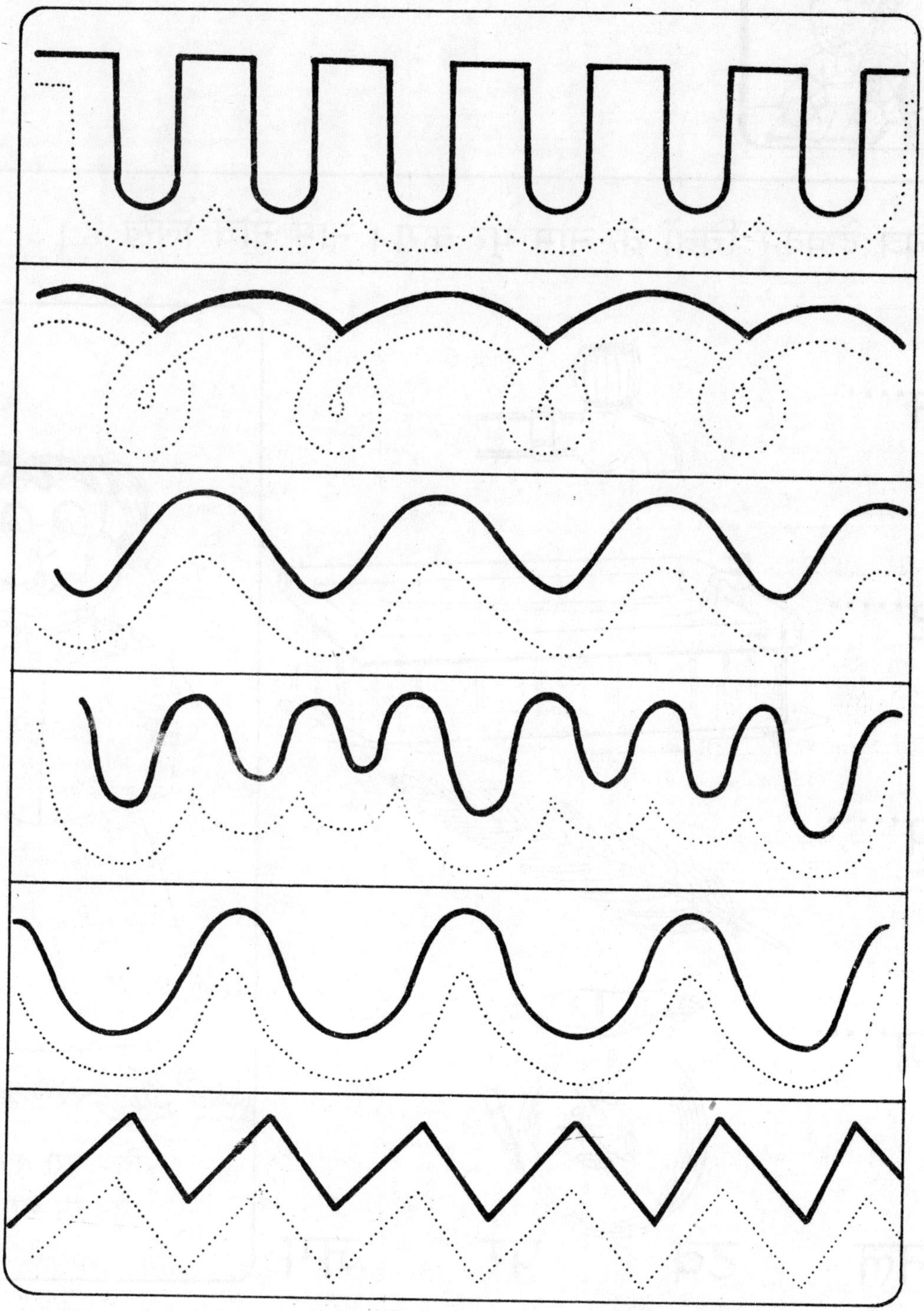

चित्र देखकर चित्रों के नाम पूरे करो। नाम नीचे लिखे हैं।

न.....

ट.....

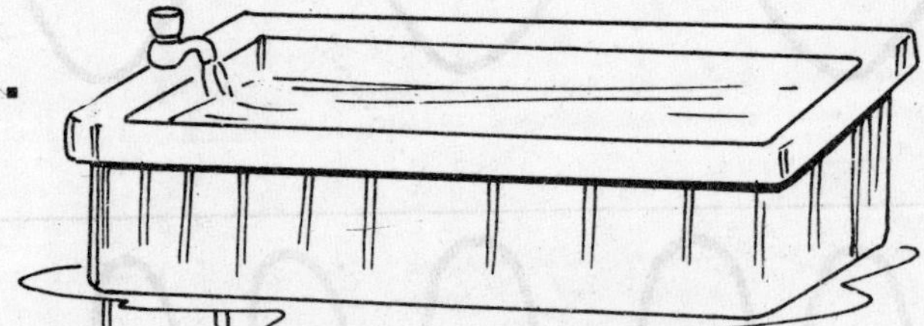

प.....

ज.....

नल   टब   पर   जग

चित्र पूरा करो
और रंग भरो।

चित्र देखकर चित्रों के नाम पूरे करो। नाम नीचे लिखे हैं।

चित्र पूरा करो
और रंग भरो।

ग.....

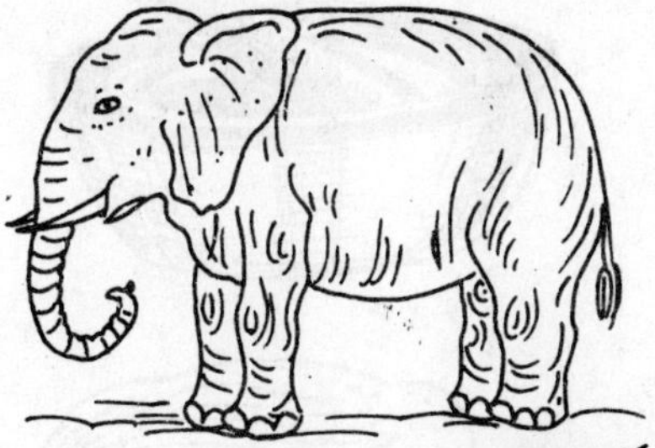

मट.....

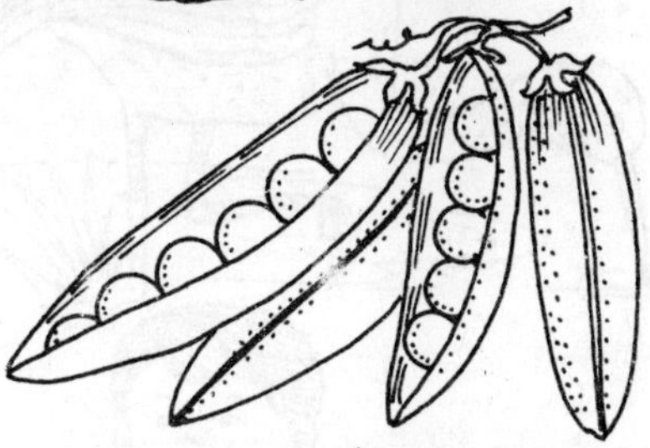

कम.....

फ.....

गज मटर कमल फल

चित्र देखकर चित्रों के नाम पूरे करो। नाम नीचे लिखे हैं।

खर.....

व.....

च.....

म.....

चित्र पूरा करो
और रंग भरो।

खरल वक चख मग

चित्र देखकर चित्रों के नाम पूरे करो। नाम नीचे लिखे हैं।

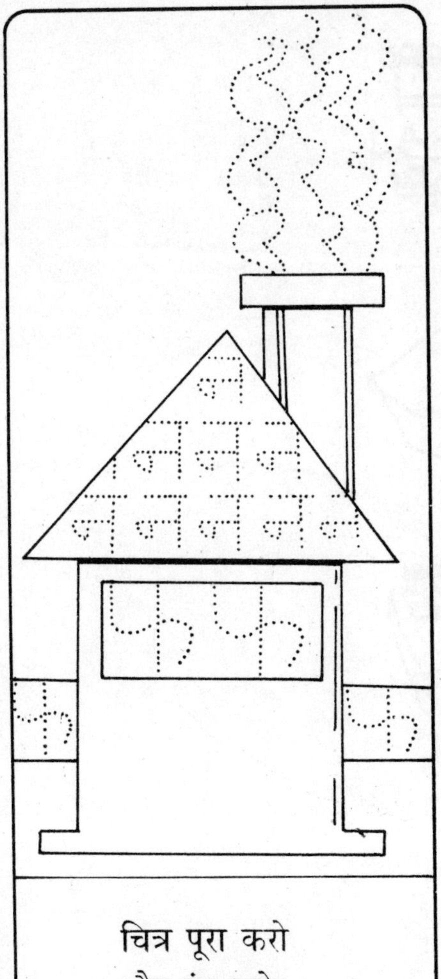

चित्र पूरा करो
और रंग भरो।

ड......

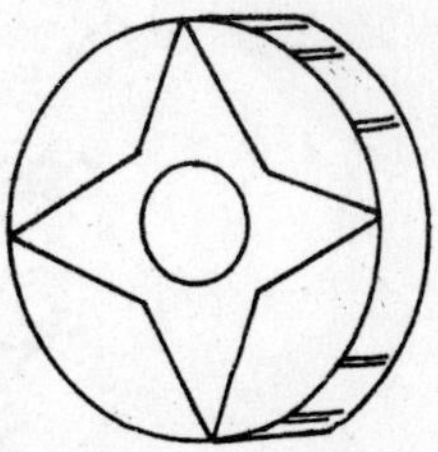

घ......

ढ......

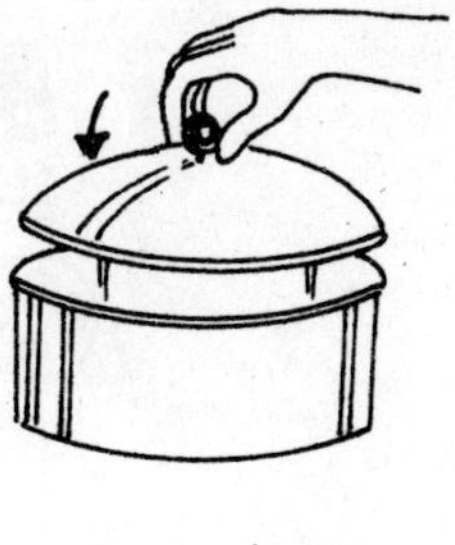

त......

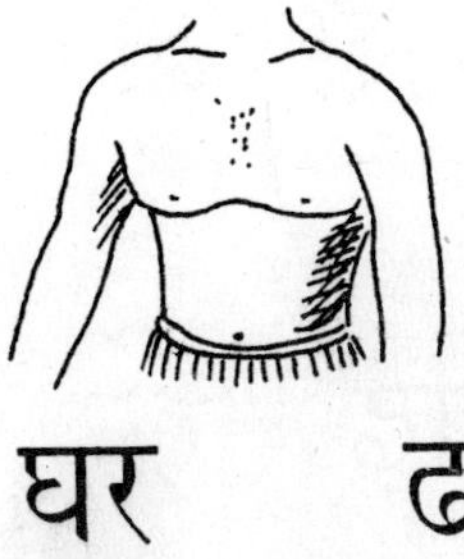

डफ　　घर　　ढक　　तन

चित्र देखकर चित्रों के नाम पूरे करो। नाम नीचे लिखे हैं।

ज......

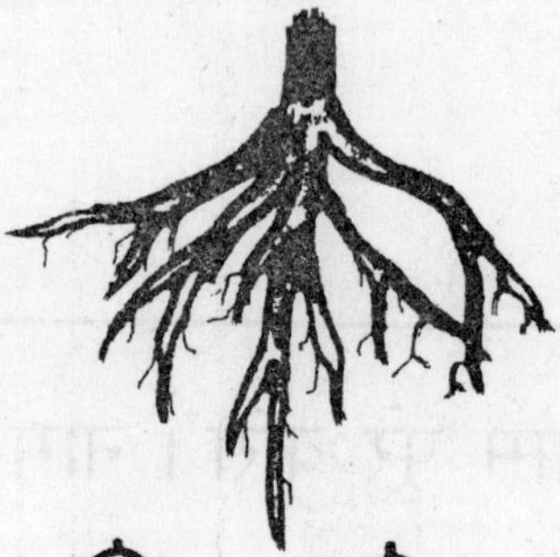

ग......

प......

राव.....

जड़ गढ़ पढ़ रावण

हर समूह में जो भिन्न है केवल उसमें रंग भरो।

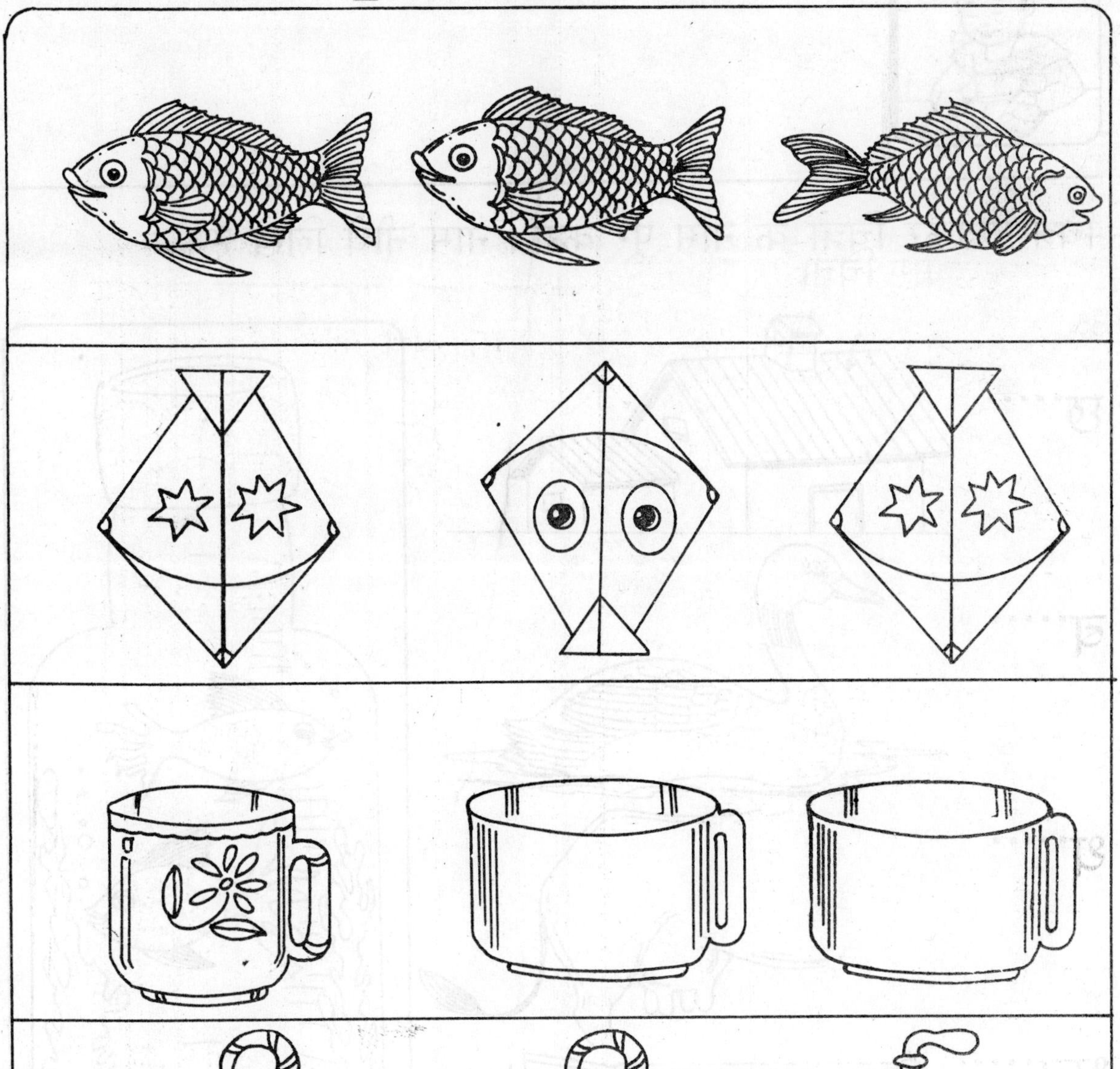

चित्र देखकर चित्रों के नाम पूरे करो। नाम नीचे लिखे हैं।

छ.....

ब.....

थ.....

भव.....

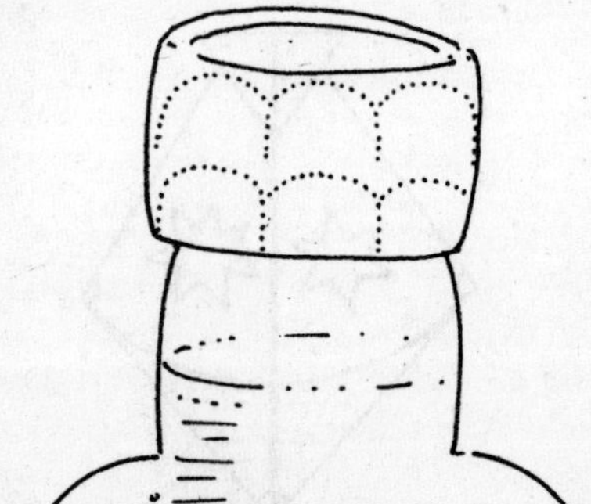

चित्र पूरा करो
और रंग भरो।

छत बतख थन भवन

चित्र देखकर चित्रों के नाम पूरे करो। नाम नीचे लिखे हैं।

चित्र पूरा करो
और रंग भरो।

द.....

ध.....

ह.....

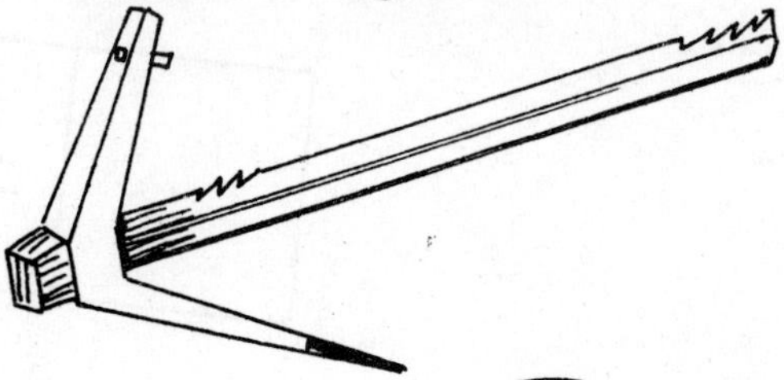

शल.....म

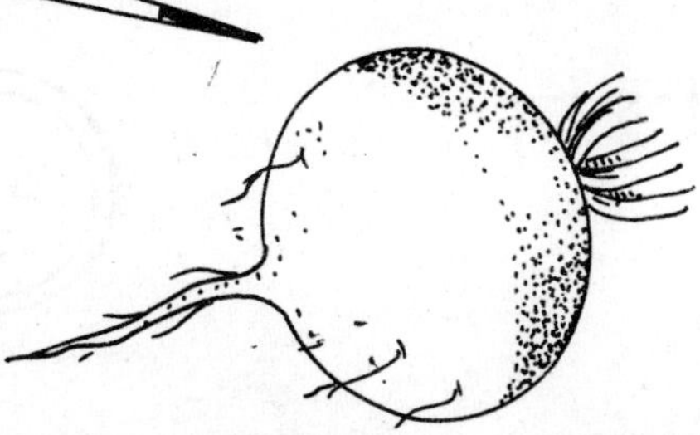

दस धन हल शलगम

चित्र देखकर चित्रों के नाम पूरे करो। नाम नीचे लिखे हैं।

र......

न......

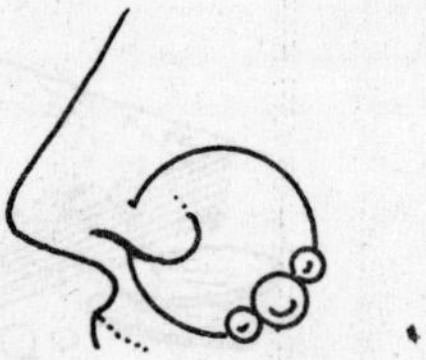

ख......

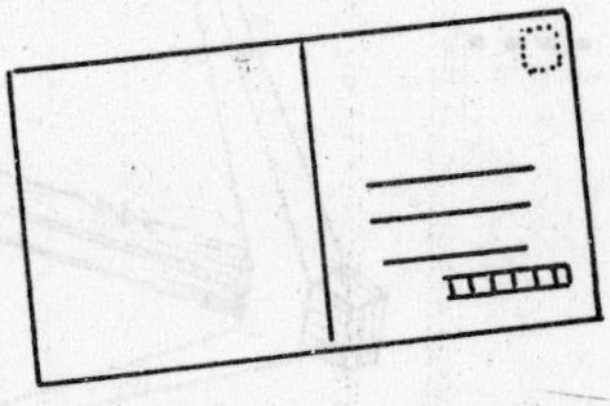

ब......न

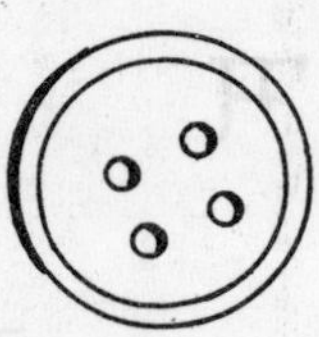

चित्र को पूरा करो
और रंग भरो।

रथ नथ खत बटन

चित्र देखकर चित्रों के नाम पूरे करो। नाम नीचे लिखे हैं।

चित्र पूरा करो
और रंग भरो।

बर...... न

मग......

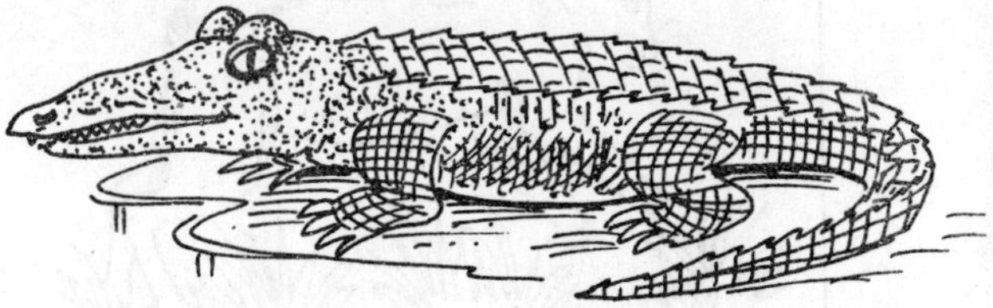

कल......

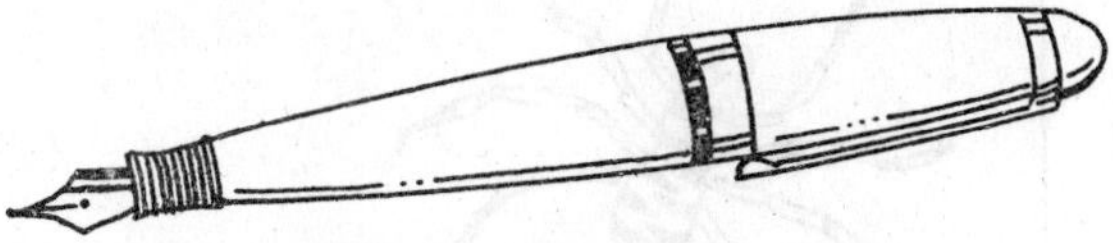

क......

बरतन मगर कलम कप

इन जानवरों के घर ढूँढ़कर उन्हें सही चित्रों से मिलाओ।

यह कनु का बस्ता है। इसमें जो चीज़ें नहीं होनी चाहिए, उनपर × का निशान लगाओ। बाकी पर ✓ का निशान लगाओ।

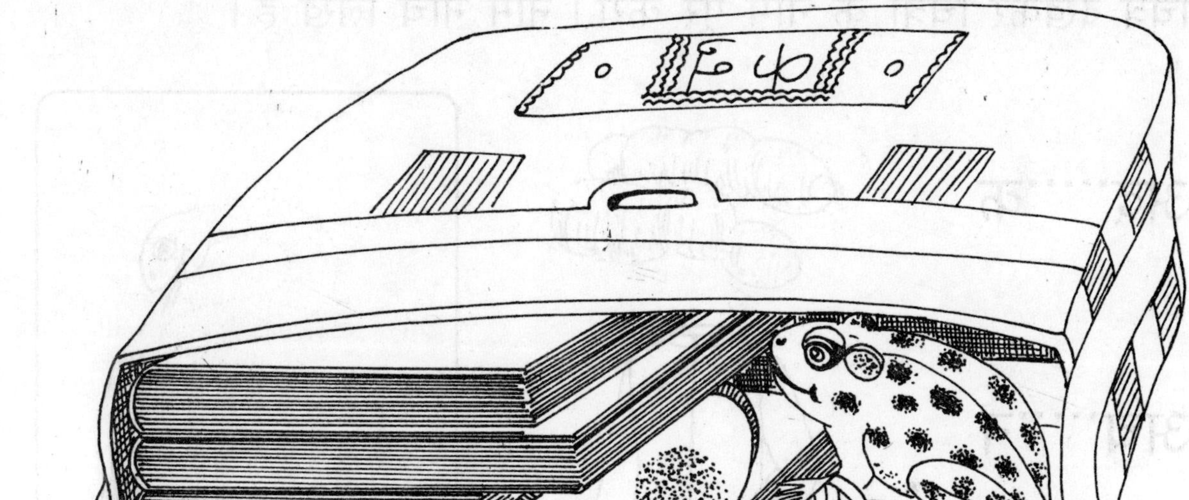

चित्र देखकर चित्रों के नाम पूरे करो। नाम नीचे लिखे हैं।

अद..... क

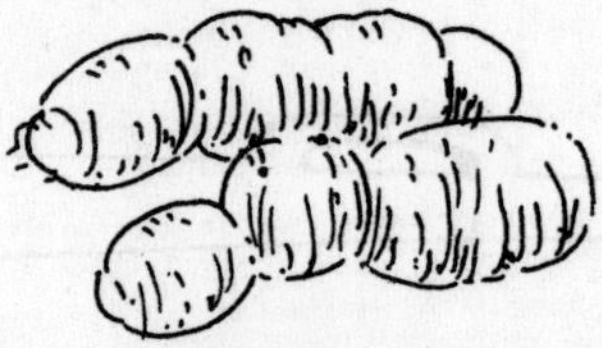

अच..... न

आ.....

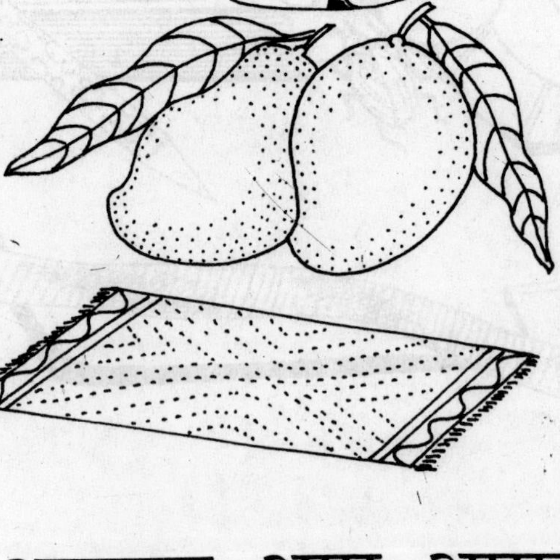

आस.....

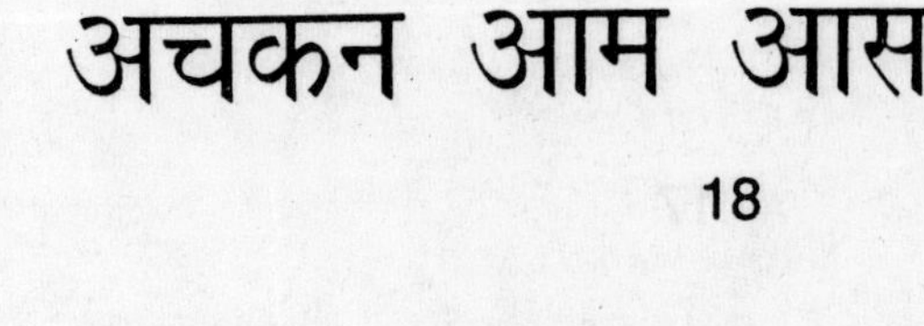

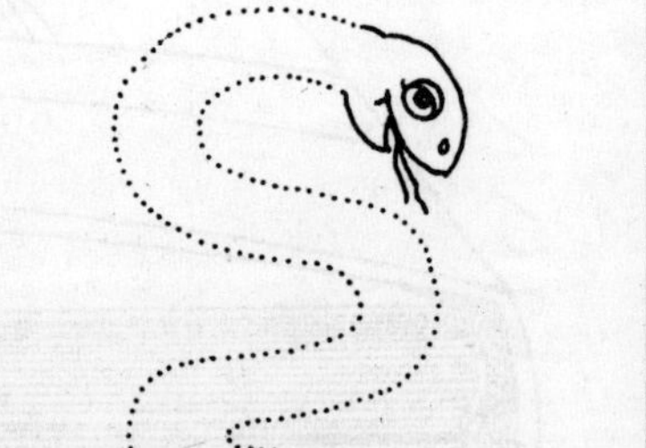

चित्र पूरा करो
और रंग भरो।

अदरक अचकन आम आसन

चित्र देखकर चित्रों के नाम पूरे करो। नाम नीचे लिखे हैं।

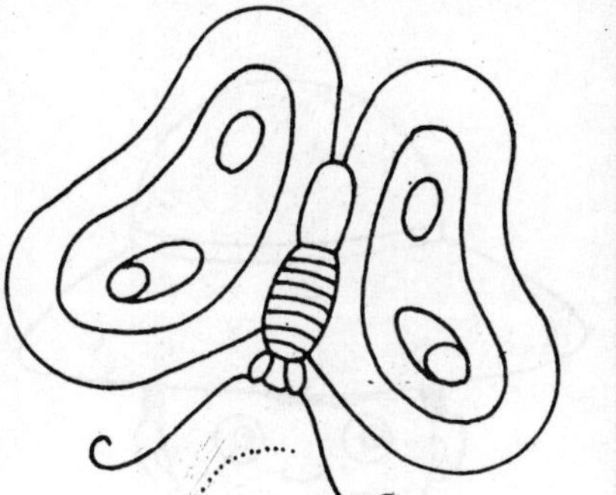

चित्र पूरा करो
और रंग भरो।

इक·····ठ

ई·····

उप·····न

ऊ·····

इकसठ ईख उपवन ऊन

चित्र देखकर चित्रों के नाम पूरे करो। नाम नीचे लिखे हैं।

ए.....

ऐ.....क

औ.....त

अंद.....

चित्र पूरा करो
और रंग भरो।

एक ऐनक औरत अंदर

चित्र पूरा करो और रंग भरो।

जंगल के इन जानवरों को पहचानो और चित्र में रंग भरो।

शब्द के पहले अक्षर की आवाज़ की पहचान

☐ में लिखे अक्षर को देखकर खाली स्थान भरो।

क

कमल

.....म

.....प

.....ब

.....लम

ख

खत

.....रल

.....ट

.....बर

.....टमल

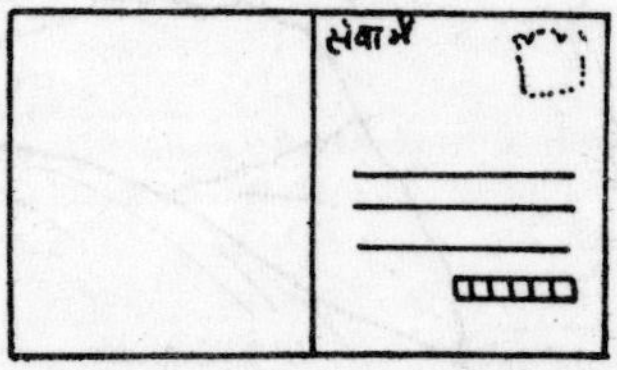

ग

गज

.....प

.....रम

.....रज

.....रदन

घ

घर

.....ट

.....न

.....ड़

.....म

शब्द के पहले अक्षर की आवाज़ की पहचान

☐ में लिखे अक्षर को देखकर खाली स्थान भरो ।

च

चख

.....ल

.....र

.....मक

.....मचम

छ

छत

.....न

.....ल

.....ड़

.....लक

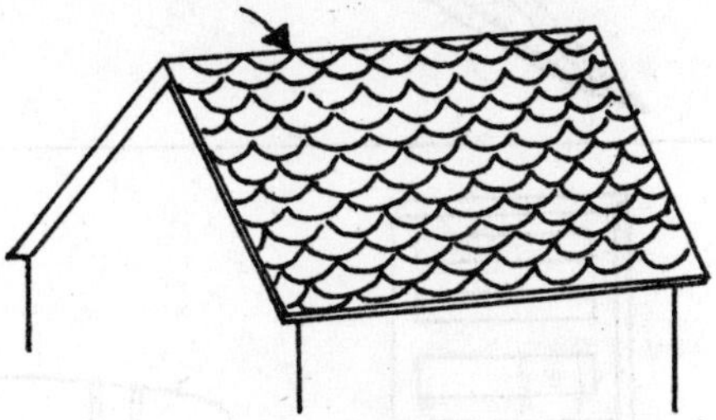

ज

जग

.....ब

.....ल

.....प

.....गत

झ

झट

.....क

.....ड़

.....पट

.....टपट

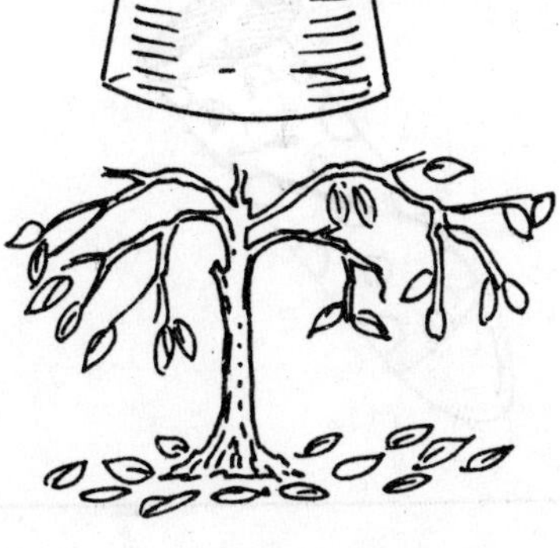

हर समूह में जो भिन्न है उसपर ✓ चिह्न लगाएँ और रंग भरें।

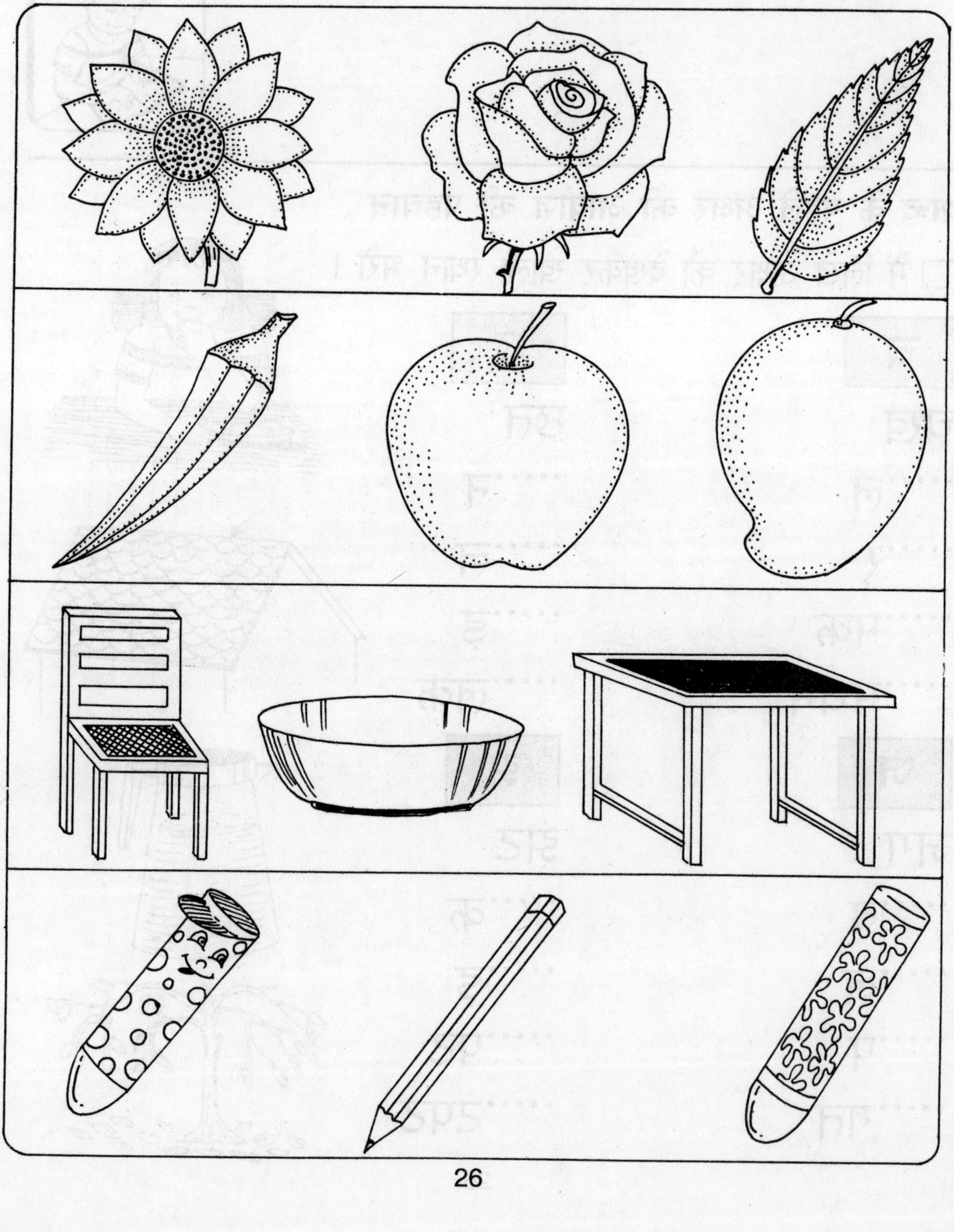

शब्द के पहले अक्षर की आवाज़ की पहचान

☐ में लिखे अक्षर को देखकर खाली स्थान भरो।

ट

टब

.....न

.....पक

.....रटर

.....मटम

ठ

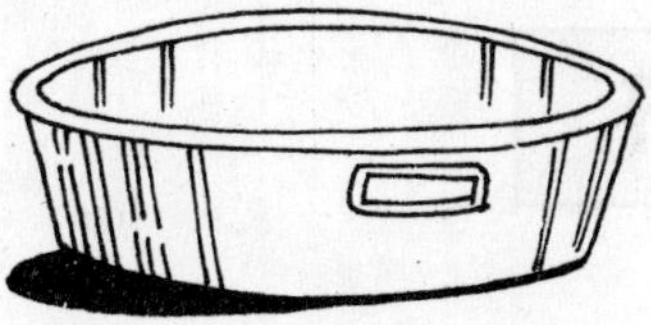

ठक

....ग

.....न

....प

....हर

ड

डफ

.....ग

.....स

.....र

.....गर

ढ

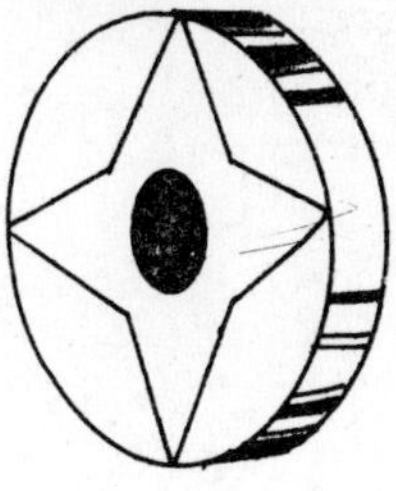

ढक

....ब

....प

....म

....मढम

शब्द के पहले अक्षर की आवाज़ की पहचान

☐ में लिखे अक्षर को देखकर खाली स्थान भरो।

त

तन

.....ल

.....प

.....ट

.....ब

थ

थन

.....क

.....ल

.....रथर

.....रमस

द

दस

.....म

.....र

...मक

...लदल

ध

धन

.....क

.....ड़

.....म

.....ड़क

१०

शब्द के पहले अक्षर की आवाज़ की पहचान

☐ में लिखे अक्षर को देखकर खाली स्थान भरो।

न

नल

.....थ

.....ट

.....भ

.....मक

फ

फल

.....न

.....ट

.....टक

.....रफर

प

पर

.....ल

.....क

.....थ

.....लक

ब

बस

.....न

.....ड़

.....टन

.....रतन

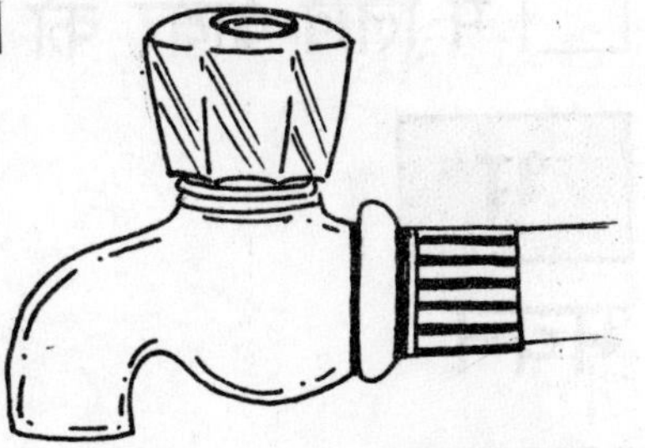

शब्द के पहले अक्षर की आवाज़ की पहचान

☐ में लिखे अक्षर को देखकर खाली स्थान भरो।

भ

भवन

.....र

.....य

.....गत

.....जन

म

मटर

.....त

.....न

.....गर

.....चल

य

यह

.....श

.....क

.....म

.....मन

र

रथ

.....स

.....ट

.....जत

.....बड़

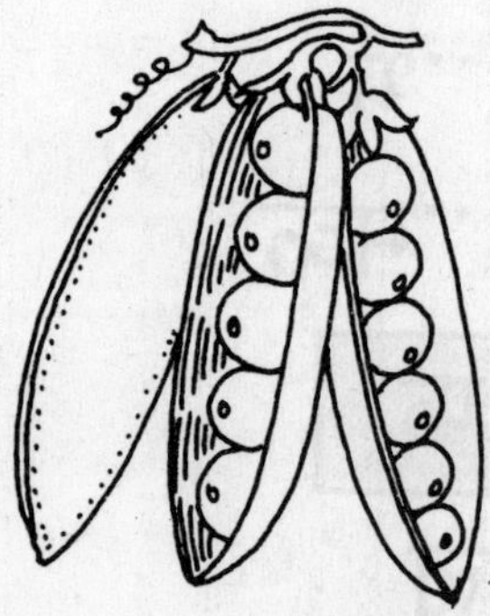

शब्द के पहले अक्षर की आवाज़ की पहचान

☐ में लिखे अक्षर को देखकर खाली स्थान भरो ।

ल

लट
.....त
.....ठ
.....हर
.....पट

व

वन
.....ह
.....श
.....तन
.....चन

श

शक
.....त
.....व
.....हद
.....लगम

स

सच
.....ब
.....ड़क
.....दन
.....बक

ह

हल
.....ट
.....म
.....ठ
.....ड़प

फलों के सामने फ और सब्ज़ियों के सामने स लिखो।

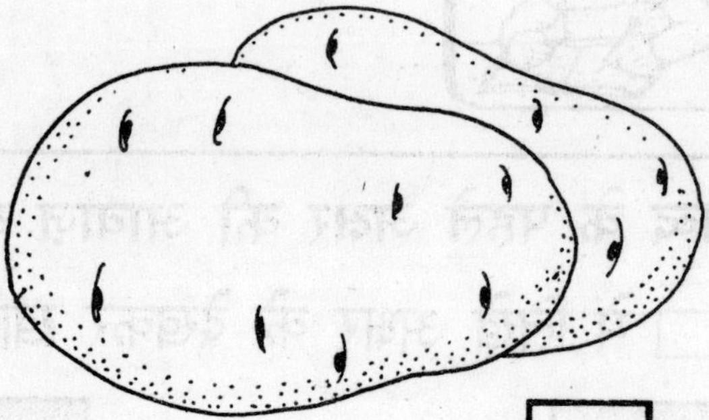

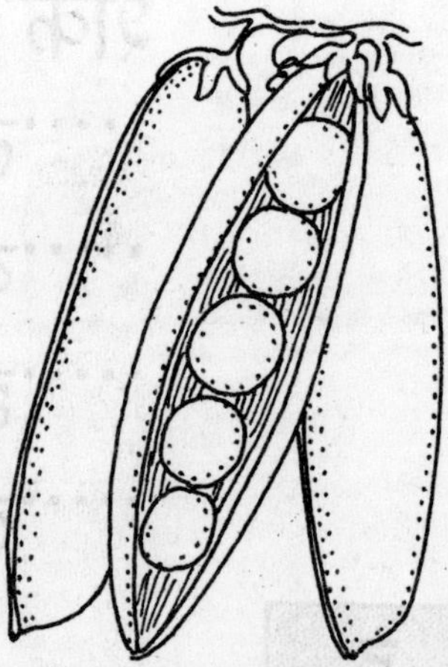

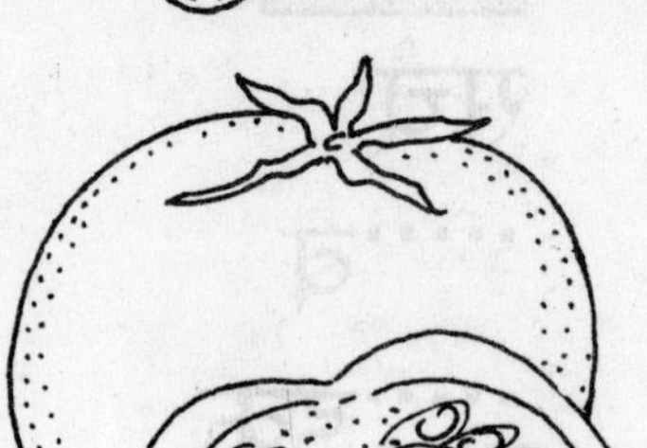

हिंदी की गिनती

गिनो और लिखो।

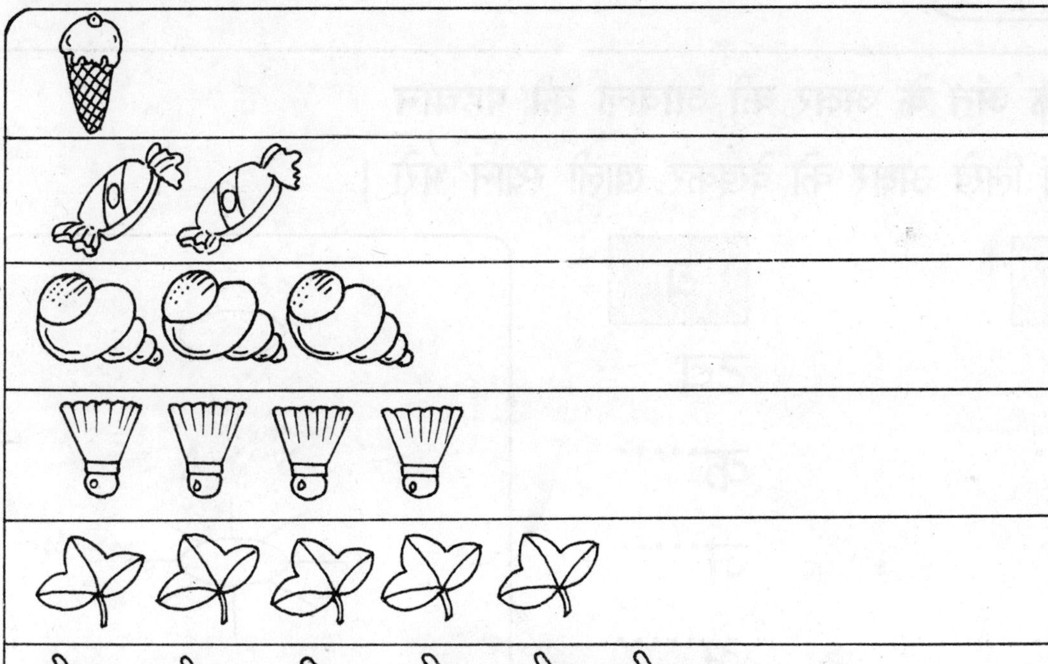

१

२

३

४

५

६

७

८

९

१०

शब्द के अंत के अक्षर की आवाज़ की पहचान

☐ में लिखे अक्षर को देखकर खाली स्थान भरो ।

ल	ब
नल	टब
ह……	क……
फ……	ज……
प……	अ……
क……	स……
ब……	द……
त……	त……
च……	ल……
छ……	फ……
ज……	र……

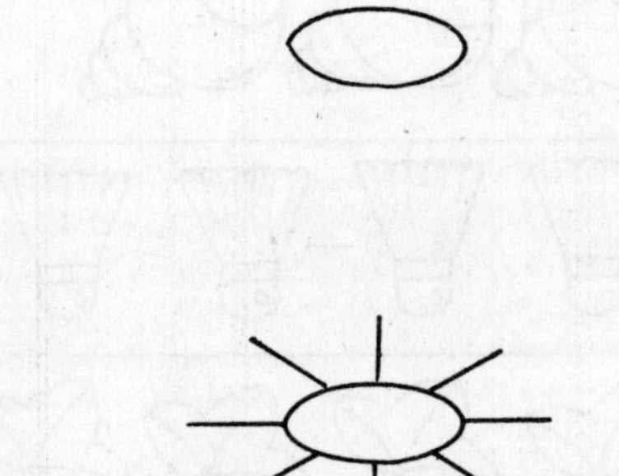

चित्र बनाना सीखो।

शब्द के अंत के अक्षर की आवाज़ की पहचान

☐ में लिखे अक्षर को देखकर खाली स्थान भरो ।

र	न
पर	बन
घ.....	म.....
क.....	घ.....
च.....	छ.....
ड.....	ट.....
ट.....	त.....
द.....	थ.....
भ.....	ध.....
न.....	फ.....
व.....	व.....

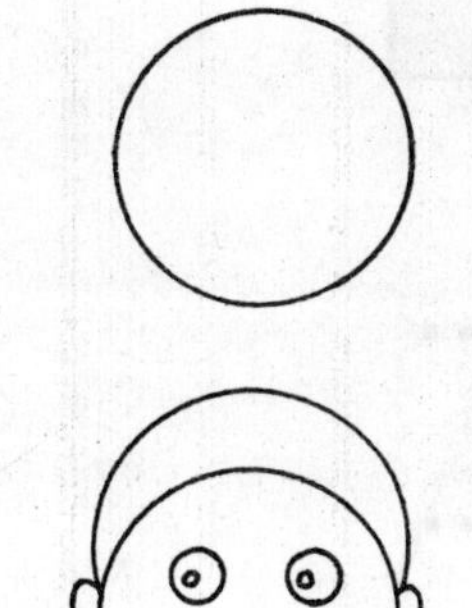

चित्र बनाना सीखो ।

शब्द के अंत के अक्षर की आवाज़ की पहचान

☐ में लिखे अक्षर को देखकर खाली स्थान भरो।

क	स
पक	बस
थ.....	न.....
ठ.....	र.....
श.....	क.....
त.....	ठ.....
ढ.....	ड.....
ह.....	द.....
छ.....	ख.....
च.....	ज.....
ट.....	ट.....

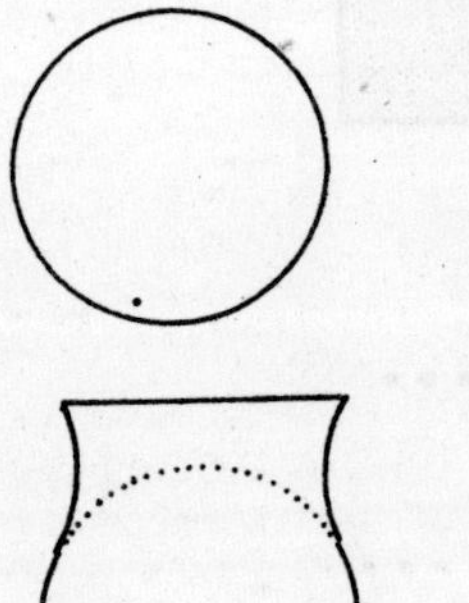

चित्र बनाना सीखो।

शब्द के अंत के अक्षर की आवाज़ की पहचान

☐ में लिखे अक्षर को देखकर खाली स्थान भरो।

ड़

रबड़

पक......

रग......

जक......

म

गरम

नर......

शर......

धर......

क

पटक

लट......

फट......

भट......

ट

कपट

झप......

रप......

डप......

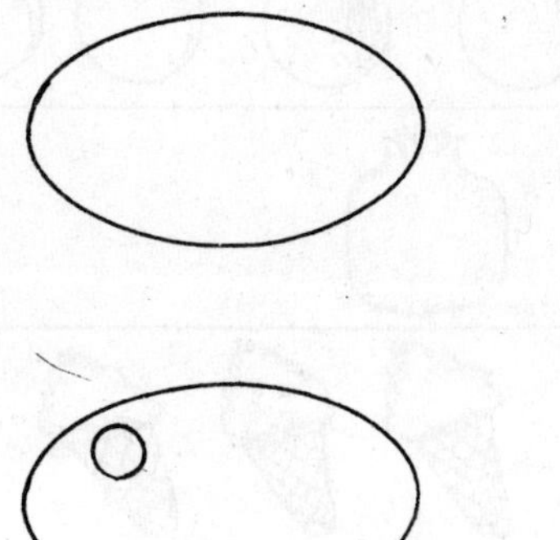

चित्र बनाना सीखो।

आओ दोहराएँ

चित्रों को सही अंक से मिलाओ।

	१
	४
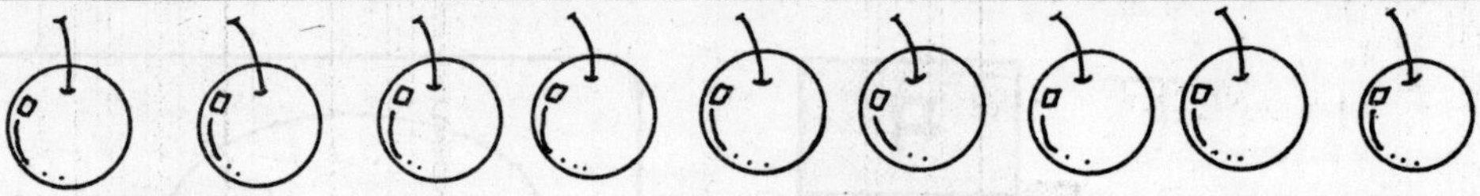	३
	२
	५
	८
	७
	६
	१०
	९

चित्र में दिखने वाली चीज़ों के नाम के आगे ✓ का निशान लगाओ।

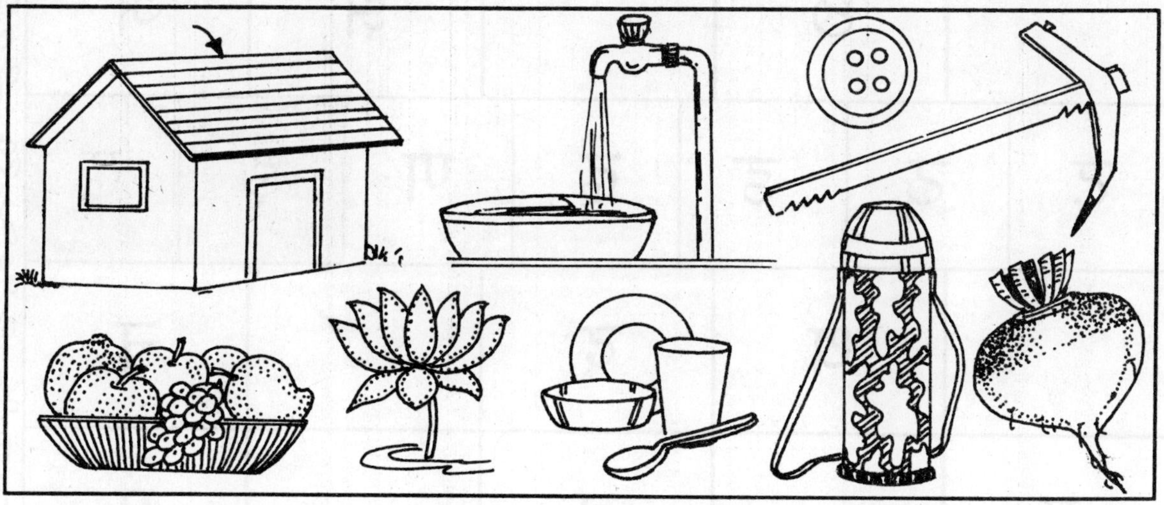

शलगम		घर		नल	
हल		फल		कमल	
जल		बटन		गरदन	
भवन		टब		गज	
छत		थरमस		बरतन	

खाली स्थान पर क्रमानुसार व्यंजन लिखिए।

क		ग		ङ
	छ		झ	ञ

ट	ठ	ड	ढ	ण	ड़	ढ़

	थ	द		न
प		ब		म

य	र		व
श		स	ह

क्ष	त्र	ज्ञ	श्र

आओ दोहराएँ।

चित्रों को देखो और दिए गए शब्दों में से सही नाम ढूँढ़कर खाली जगह में लिखो।

बस फल जल बरतन जग घर नल बतख कमल

स्वर की आवाज़ की पहचान

☐ में लिखे अक्षर को देखकर खाली स्थान भरो ।

अ	आ
.....ब	.....म
.....दरक	.....ठ
.....चकन	.....ग
.....मर	.....सन
.....जब	.....ज
.....गर	.....प

स्वर की आवाज़ की पहचान

☐ में लिखे अक्षर को देखकर खाली स्थान भरो।

इ

......कसठ

......स

......धर

ई

......ख

......श

......द

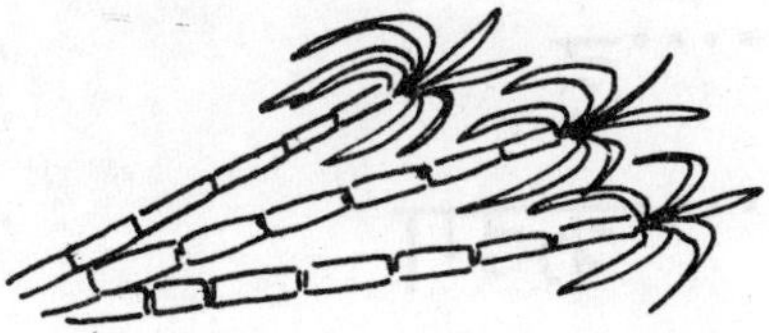

उ

......पवन

......ठ

......स

......धर

......छल

ऊ

......न

......ब

......द

......पर

......धम

ऋ

स्वर की आवाज़ की पहचान

☐ में लिखे अक्षर को देखकर खाली स्थान भरो ।

ए

.....क

.....ड़

.....कदम

ऐ

.....नक

.....श

.....ब

१

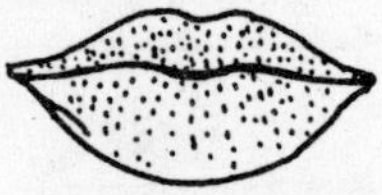

ओ

.....ठ

.....स

.....क

.....र

औ

.....रत

.....ट

.....र

.....षध

अं

.....दर

.....क

.....त

.....तर

अः

आओ दोहराएँ

चित्रों को देखकर सही शब्द से मिलाओ।

अजगर आम ऐनक आठ औरत ओस

एक ऊन अदरक इकसठ ईख

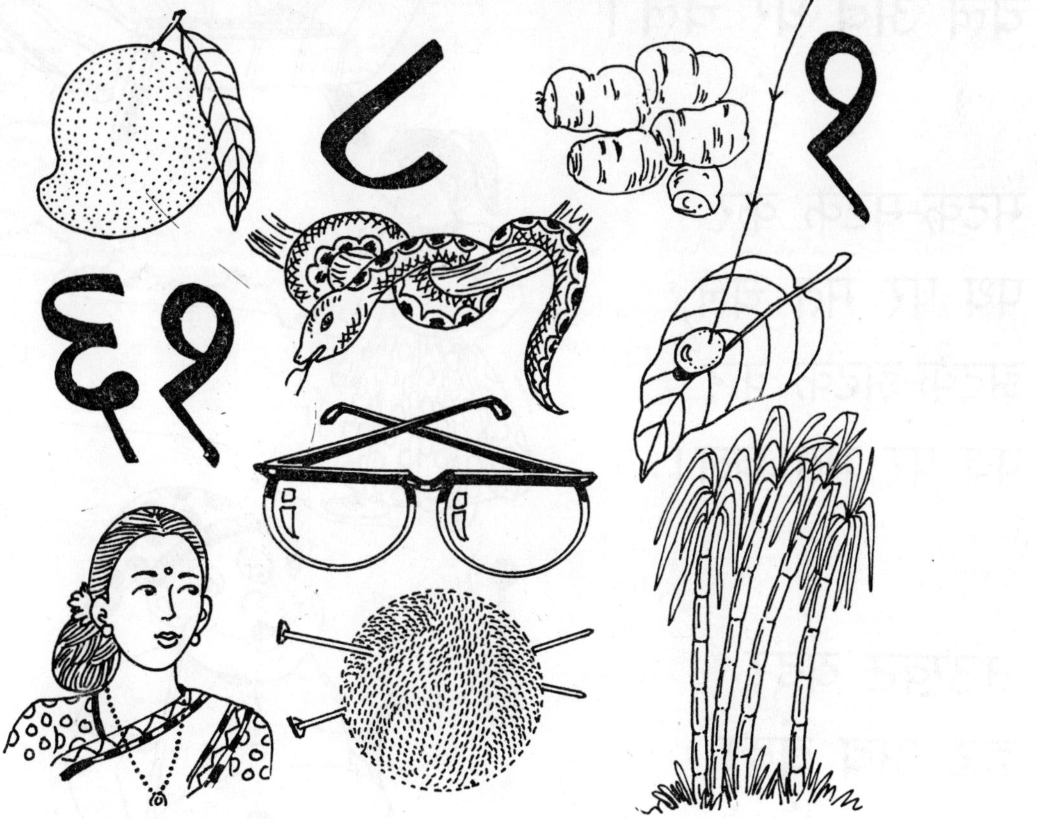

अब खाली स्थान में सभी स्वर क्रम से लिखो।

अ		इ		उ	ऊ	ऋ
ए	ऐ		औ	अं	अः	

इन्हें पढ़कर सामने के पृष्ठ पर सुंदर अक्षरों में लिखो।

कमल इधर चल
आलस मत कर,
नटखट मत बन
चल अब घर चल।

मटक-मटक कर
पथ पर मत चल,
झटक-झटक कर
पथ पर मत चल।

नटखट बंदर
हट अब बंदर,
मत कर दंगल
कर अब मंगल।

तितलियों को फूलों तक पहुँचाओ और चित्र में रंग भरो।

4